Für Fans der Riesenbeeren

und für solche, die es werden... denn aus den meist orangefarbenen Kugeln lassen sich wunderbare Dinge gestalten. Ein bisschen Farbe, Lackstifte, manchmal ein zusätzliches Teil aus Holz, eine Schleife aus Bast oder ein Kopfschmuck aus Mais oder Hopfen... der Herbst hält viele Utensilien bereit!

Haltbarer als geschnitzte Kürbisse sind bemalte allemal; manche Zierkürbisarten halten – von Frost und Nässe geschützt – bis ins Frühjahr aus. Wer die Gelegenheit hat, auf einem Kürbis-Bauernhof aus vielen Sorten und Formen auswählen zu können, erkennt bald die endlosen Gestaltungsmöglichkeiten.

Viel Spaß beim Kürbis-Einkauf, beim Basteln und Sägen, beim Malen und Gestalten wünscht eine kürbissüchtige

Martina Hertel

DIE KÜRBISSE

Aus dem Vollen schöpfen können Sie natürlich auf einem Kürbis-Bauernhof. Ab August liegen dort die schönsten und kuriosesten Kürbis-Gebilde für Sie bereit. Für die meisten Kreationen in diesem Buch wurden die Kürbisse von der Art her willkürlich ausgewählt, ausschlaggebend waren Form und Farbe. Die klassischen orangefarbenen Halloweenkürbisse, die auch zum Schnitzen verwendet werden, lassen sich sehr gut bemalen. Die kleinen Kronenkürbisse, die hier als Gespenster, Spinne oder tatsächlich – beim Froschkönig – als Krone herhalten, sind besonders vielseitig einsetzbar. Kleine Zierkürbisse sind bei der Kürbisbande verwendet worden. Bei den Kürbissen, auf die ein Gesicht aufgemalt werden soll, ist wichtig, dass Sie gleich beim Einkaufen darauf achten, wie der Kürbis steht und wo sich die Fläche für das Gesicht befinden könnte.

WERKZEUGE UND HILFSMITTEL

Die Sperrholzteile, die Sie z. B. bei der Geisterstadt Cucurbita verwenden, sägen Sie mit einer **Laubsäge** oder einer kleinen elektronischen **Dekupiersäge**. Manche Teile, wie die Ohren der Katze, ließen sich auch in Tonkarton herstellen. Für die massiven Holzteile verwenden Sie eine einfache **Stichsäge** mit einem ganz normalen Sägeblatt. Fürs Abschleifen der Kanten verwenden Sie **Handschleifpapier** mit 60er oder 80er Körnung. **Nägel** (z. B. Größe 1,2 x 20 mm) verwenden Sie z. B. bei der Katze, um den Schwanz aus Holz am Sitzbrettchen zu befestigen. Teile, die flexibel bleiben sollen, werden mit Draht befestigt. Es kann **Steckdraht** mit ca. 1 bis 1,2 Millimeter Stärke benutzt werden, wie er bei den Floristen verwendet wird. Er ist schwarzblau geglüht, ziemlich weich, trotzdem stabil und lässt sich aber über einem Bleistift oder Schraubenzieher zu einer Spirale biegen. Einen **Bleistift** brauchen Sie, um vom **Vorlagenbogen auf ein Transparentpapier** durchzupausen. Versuchen Sie, **Blaupapier** zwischen Transparentpapier und Holz oder Kürbis zu legen und durchzupausen.

Bei den Kürbissen wird das wegen der Form und der Oberfläche nicht so einfach sein, wie auf einer geraden Malfläche, aber die groben Umrisse und Einteilungen werden Sie anbringen können. Da jeder Kürbis in Größe und Form verschieden ist, kann die Vorlage vielleicht nur als Anregung dienen und muss den Gegebenheiten angepasst werden! Der Handtacker mit z. B. 4-mm-Tackerklammern befestigt den Steckdraht an der Rückseite der Teile. Heißkleber hält die getackerten Steckdrahtenden fest und sichert Holzteile vor dem Nageln. Einen breiten flachen, einen schmalen flachen und einen feinen Pinsel für Acryl-Farbe sollten Sie sich leisten. Lackstifte in wasserfester Ausführung, fein und mittel, werden für den Auftrag der Konturen benutzt. Malen Sie erst die Farbflächen und die Konturen hinterher! So lassen sich leichte Unregelmäßigkeiten durch die Kontur verdecken.

MATERIAL

Für die Kleinteile wurde **4-mm-Pappelsperrholz** („Bastelsperrholz") mit sehr glatter Oberfläche benutzt; die Grundplatte der Geisterstadt Cucurbita fertigen Sie am besten aus **6-mm-Sperrholz.** Die wenigen **Massivholz**teile wurden aus Fichtebrettern oder Leimholz ausgesägt. Wasserfeste **Acryl-Bastelfarben** in matter Ausführung in den Farben Karminrot, Ultramarinblau, Goldgelb, zusätzlich Weiß und Schwarz, lassen sich zu allen Farbnuancen mischen.

FROSCHKÖNIG

Farben: Maigrün, Schwarz, Goldgelb, Ultramarinblau
Karminrot, schwarze und weiße Lackstifte

Kürbisse: großer flacher Kürbis mit schöner Maserung vom Ölkürbis
gelber Kronenkürbis: „Zweifarbige Teufelskralle"
kleiner runder goldgelber Zierkürbis

Ihr Gartenteich wird aufatmen, wenn klar wird, dass dieser Froschkönig nicht hineinhüpft!

Da jeder Kürbis anders ist in Form und Farbe, können Sie die Malanleitung nur als Anregung nehmen, da sich durch eine andere Kürbisform auch die Proportionen verschieben können. Hier wurde ein Kürbis verwendet, der richtig flach an der Stelle war, an der er bemalt werden sollte. Malen Sie in Maigrün die Farbflächen auf und mischen Sie dem Grün immer an helleren Stellen etwas Goldgelb unter, an dunkleren Stellen etwas Ultramarinblau. Die Zunge wird karminrot.

Der Bauch wird mit trockenem Pinsel in Goldgelb gewischt. Bei einer interessanten Maserung des Kürbisses können Sie den Bauchteil auch unbemalt lassen und die Kürbiszeichnung durchschauen lassen. Malen Sie die schwarzen Konturen und weißen Lichter mit den Lackstiften und setzen Sie dem Ganzen den goldgelben Kronenkürbis auf. Ein kleiner gelber Zierkürbis spielt den goldenen Ball der Prinzessin.

KATZ UND MAUS

Farben:	Katze: Schwarz, Gelb, schwarze und weiße Lackstifte Maus: Grau, Gelb, Rosa, schwarze und weiße Lackstifte
Material:	120 mm breites Brett, 4-mm-Sperrholz Steckdraht, Nägel, 4-mm-Tackerklammern
Kürbisse:	Katze: ein mittelgroßer, länglicher, orangefarbener Halloweenkürbis, z.B. „Triple Treat" ein kleiner runder, orangefarbener Halloweenkürbis z. B. „Baby Bear" Maus: ein birnenförmiger Zierkürbis z. B. „Zweifarbige Birne"

Die Katze besteht aus zwei Kürbissen, einem größeren für den Körper und einem kleineren für den Kopf. Beide Kürbisse sollten einen ziemlich langen, gebogenen Stiel haben. Der Kürbis für den Kopf wird auf seiner Unterseite bemalt; der Stiel zeigt dann nach hinten unten und hakt idealerweise um den Stiel des unteren Kürbisses. Achten Sie beim Kauf darauf, dass die Proportionen stimmen! Alle auf dem Vorlagenbogen nicht sichtbaren Flächen werden Schwarz. Konturen, Schnurrhaare, Augen und Mund werden mit den Lackstiften gemalt. Ohren und Schwanz der Katze sind aus 4-mm-Sperrholz. Die Ohren erhalten nach dem Bemalen auf der Rückseite ein Stück Steckdraht aufgetackert, mit dem sie in den Kürbis gesteckt werden. Die Katze sitzt auf einem Brettchen, an dem der bemalte Schwanz mit zwei Nägeln befestigt wird. Ein Stück Stoff ziert den Hals und verdeckt den Übergang zwischen den beiden Kürbissen.

Aus einem birnenförmigen Zierkürbis mit langem Stiel entsteht die Maus. Mund und Augen werden mit den Lackstiften aufgemalt, nachdem die gesamte Maus einen grauen Anstrich erhalten hat. Die Nase bemalen Sie gelb, die Wangen rosa. Die Ohren wurden dem Radius des Birnenkürbisses angepasst, sind in einem Stück aus 4-mm-Sperrholz ausgesägt und nach dem Bemalen in Grau und Rosa mit Steckdraht versehen in den Kürbis gesteckt. Formen Sie aus Steckdraht vier Füße und stecken Sie sie ebenfalls in den Kürbis.

FOTOTERMIN DER KÜRBISBANDE

Farben: Schwarz, Weiß, Karminrot, Ultramarinblau
Goldgelb, Maigrün, schwarze und weiße Lackstifte

Kürbisse: 8 verschiedene Zierkürbisse
Bast in natur, orange und grün
Bänder- und (Jeans)Stoffreste

Versuchen Sie, schöne glatte Zierkürbisse zu ergattern, die dort, wo Sie ein Gesicht aufmalen wollen, keine größeren Unregelmäßigkeiten haben oder diese mit eingebaut oder übermalt werden können – als Pickel, Narben oder Flicken. Achten Sie darauf, Exemplare mit langem Stiel zu erwerben. Kopfschmuck und Frisuren befestigen Sie wahlweise mit Draht, Bast oder Heißkleber. Beginnen Sie mit den Farbflächen und malen Sie schwarze Konturen und weiße Stellen erst nach dem Trocknen. Es ist leichter die Konturen um die Farbe zu malen, als mit der Farbe innerhalb der Kontur zu bleiben!

Ansonsten: lassen Sie Ihrer Fantasie freien Lauf und halten Sie sich nicht zu sehr an die Vorgaben, kombinieren und gestalten Sie je nach Kürbisform und -farbe!

Beschrieben wird die Kürbisreihe von links nach rechts, beginnend mit **Heini,** einem orangefarbenen Wilden, der den Mund wieder mal zu weit aufreißt und seine karminrote Zunge zeigt. Achten Sie darauf, dass Sie die blauen Augen mit etwas Weiß aufhellen, um sie leuchten zu lassen! **Otto** mit grüner Frisur hat die grüne Nase voll von **Waltraud**, die – mit rot gefärbtem Haar - wieder mal in der Gegend herumbusselt. Waltrauds Nachbar, **Hansi**, die Jeansfrisur steht im keck zu Berge, ist alles ziemlich peinlich. Er grinst verlegen und freut sich aber doch. Sein rechter Nachbar, **Pepo**, kann die Verwandtschaft mit einem Clown nicht verleugnen, ganz geheuer ist ihm allerdings der gepiercte **Hook** nicht! Extra fürs Foto hat sich Hook eine Lampionblüte aufgesteckt, während **Emma** nicht daran denkt, ein „Fotografiergesicht" zu machen, bääh! Bereitwillig „Cheese" sagt **Greta** am rechten Bildrand und zeigt eine Reihe weißer „Lackstiftzähne".

RABE „RABE“

Farben: Schwarz, Weiß, Goldgelb, Karminrot, weiße und schwarze Lackstifte

Material: 200-mm-Leimholzbrett für Flügel und Fuß
6-mm-Sperrholz für Schnabel, Bast
Strohhut (ca. 18 cm Durchmesser)
Steckdraht, 4-mm-Tackerklammern

Kürbisse: ein dickbauchiger, grün-getigerter Ölkürbis oder Zierkürbis
ein kleiner runder Kürbis, z. B. „Baby Bear“ oder Zierkürbis

So einfach ist Fliegen doch nicht! Dieser Rabe bleibt doch lieber vor Ihrer Haustür sitzen.

Fuß und Flügel werden aus Massivholz ausgesägt. Der Fuß wird goldgelb, an den Rändern mit etwas Karminrot abschattiert. Die Flügel werden schwarz; mit ein bisschen Weiß im Schwarz unterbrechen Sie die Fläche. Versuchen Sie zwei Kürbisse zu ergattern, die aufeinander halten, wenn man den kleineren mit der Stielseite nach hinten unten auf den größeren stellt. Das Gesicht des Raben wird auf die Unterseite des kleinen Kürbisses gemalt!

Den kleinen Kürbis für den Kopf bemalen Sie ganz in Schwarz. Der Schnabel wird aus 6-mm-Sperrholz ausgesägt und gelb bemalt. Nach dem Trocknen legen Sie die Mundkontur mit dem schwarzen Lackstift an. An der Rückseite erhält der Schnabel zwei Steckdrahtstücke aufgetackert, deren Enden dann in den Kürbis gesteckt werden. Die Augen malen Sie mit den Lackstiften. Der Kürbis, der zum Bauch wird, erhält nun die Bemalung. Dabei soll das Muster des Ölkürbisses die Hose darstellen, der Rest wird schwarz. Die Flügel werden mit Steckdraht in der Mitte umschlungen und am Stiel des unteren Kürbisses festgezurrt.

Einen Baststrang knoten Sie einmal in der Mitte und kleben ihn in den Hut. Mit Heißkleber lässt sich der Hut an zwei Punkten am Kopf fixieren. Achten Sie darauf, dass der Heißkleber nicht mehr die volle Temperatur hat, da sonst der Kürbis unter der Hitze leiden könnte.

Rabe

HAPPY HALLOWEEN-FRATZE

Farben: Schwarz, Orange, schwarze und weiße Lackstifte

Material: ein hellgelber, runder Kürbis z. B. aus der Familie Cucurbita moschata

Ziemlich gefährlich schaut der HappyHALLOween-Kürbis aus! Falls Sie sicher gehen wollen und die Malanleitung größenmäßig gut passen soll, nehmen Sie sie doch mit zum Kürbiskauf und suchen Sie sich den dazu passenden Kürbis vor Ort aus.

Malen Sie als erstes die Frisur in Schwarz, legen Sie dann die Augen, Mund und Fledermaus-Nase mit den schwarzen und weißen Lackstiften an. Ein orangefarbener Flicken kaschiert eine eventuell vorhandene Unregelmäßigkeit.

WIE GESCHNITZT

Farben: Schwarz, Goldgelb, schwarze und weiße Lackstifte

Kürbis: ein mittelgroßer, oranger, z. B. der Sorte „Jack O' Lantern"

Wie geschnitzt, jedoch viel länger haltbar! Das ist der Vorteil beim Bemalen der Kürbisse. Die gleiche Kürbissorte wird oft zum Schnitzen verwendet.

Mit den schwarzen Lackstiften können alle Mund-, Nasen- und Augenkonturen gemalt werden. Auch die Kappe malen Sie mit dem schwarzen Lackstift vor. Das Fruchtfleisch erhält einen satten goldgelben Ton. Brechen Sie zum Schluß die harten schwarzen Konturen mit ein paar feinen weißen Strichen.

FRANKENSTEIN

Farben: Weiß, Schwarz, Blaugrün, Ultramarinblau Karminrot, schwarze und weiße Lackstifte

Material: Pflaster

Kürbis: ein mittlerer, etwas taillierter Halloweenkürbis, z. B. der orangefarbenen Sorte „Big Autumn"

Für Grusel-Fans: Dieser Frankenstein erhält einen OP-grünen Anstrich, eine karminrote tiefe Narbe auf der Stirn und einige schlecht genähte Narben. Die Stirnnarbe wurde provisorisch mit einigen Pflasterstücken gesichert.

Suchen Sie sich am besten einen Kürbis, der in der Mitte ein bisschen tailliert ist. Nehmen Sie den Vorlagenbogen zum Kürbiskauf mit, damit die Proportionen stimmen!

Nach dem Auftrag des Gesichtes malen Sie vom Stiel ausgehend die schwarzen Haare auf. Akzente und Lichter erreichen Sie durch mit Weiß aufgehelltes Blaugrün in einem trockenen Pinsel. Mit etwas Ultramarinblau dunkeln Sie das Blaugrün für die Nase und Ohren ab. Die schwarzen Konturen bringen Sie nach dem Trocknen mit dem Lackstift auf. Die Adern in den Augen malen Sie mit einem dünnen Pinsel in Karminrot.

Katzenpärchen

Farben: Schwarz, Orange, schwarze und weiße Lackstifte

Material: 4-mm-Sperrholz
orangefarbener Bast
Steckdraht
4-mm-Tackerklammern

Kürbisse: kleine runde orangefarbene Halloweenkürbisse,
z. B. der Sorte „Wee-be-Little“

Versuchen Sie, Kürbisse mit gebogenem und geradem langen Stiel zu bekommen. Die Körper werden mit Schwarz bemalt und erhalten nach dem Trocknen mit dem weißen Lackstift die Ecken und Konturen; der schwarze Lackstift malt Katzenspuren auf. Die Gesichter werden aus 4-mm-Sperrholz ausgesägt, schwarz bemalt und mit weißen Lackstiftecken versehen. Die Nasen bemalen Sie orangefarben. Steckdraht wird auf die Rückseite der Köpfe getackert und zwar so, dass zwei Enden in den Kürbis oder den Stiel gesteckt werden können, damit sich die Köpfe nicht verdrehen. Orangefarbener Bast kaschiert Übergänge oder schmückt einfach.

GEISTERSTADT „CUCURBITA“

Farben:	Schwarz, Weiß, Ultramarinblau, Goldgelb, Karminrot, Braun schwarze und weiße Lackstifte
Material:	6-mm-Sperrholz (für Bodenplatte), 4-mm-Sperrholz (für Steckfiguren), Steckdraht, 4-mm-Tackerklammern Spinnennetz aus Kunstfaser (Halloweenbedarf) oder Watte zwei verzweigte Äste als Bäume, evtl. Bindfaden, Nägel
Kürbisse:	z. B. 3 Butternut-Kürbisse (für die Geisterhäuser) 3 Kronen- oder Krallenkürbisse mit Stiel (für Spinne und Gespenster)

Die Butternut-Kürbisse bemalen Sie ganz in Schwarz und lassen nur die Fensterausschnitte frei. Nach dem Trocknen malen Sie die Fensterausschnitte mit Goldgelb aus. Auf das Goldgelb tragen Sie nach erneutem Trocknen die Fensterkreuze mit einem schwarzen Lackstift auf. Die zwei Krallenkürbisse für die „Eingangs-Gespenster“ bemalen Sie ganz weiß, falls Sie keine reinweißen „Teufelskrallen“ bekommen; nach dem Trocknen bringen Sie mit schwarzem Lackstift die Gesichter auf. Beim Spinnenkörper färben Sie die Rillen braun und die hervorstehenden Krallen schwarz.

Sägen Sie aus mindestens sechs Millimeter dickem Sperrholz die Bodenplatte für Ihre Halloween-Stadt aus und sehen Sie zwei Löcher für die „Bäume“ vor. Sie können den Grundriss jederzeit den Gegebenheiten, z. B. auf Ihrem Fensterbrett, anpassen! Aus 4-Millimeter-Sperrholz werden die zwei Zaunteile, die rechts und links mittig an der Bodenplatte festgenagelt werden, die Hexe, die Gespenster, die Fledermäuse, die Sterne, der Kopf der Spinne und das „Kommt-rein...“-Schild. Grundplatte und Zaun werden schwarz bemalt. Die Hexe erhält einen Mantel in Karminrot, das mit etwas Schwarz abgedunkelt wird. Die Schuhe und der Hut sind schwarz, der Besen und die Strümpfe goldgelb. Das Gesicht bekommt einen apricotfarbenen Teint, den Sie gut aus Gelb, Weiß und wenig Karminrot mischen können. Die Konturen, die Akzente und die schwarzen Ringel der Socken malen Sie nach dem Trocknen der Farbe mit den schwarzen und weißen Lackstiften.
Die Gespenster sind ganz weiß und bekommen ihre Gesichter durch Lackstiftauftrag.

Die Fledermäuse und der Spinnenkopf sind – wie das „Kommt-rein“-Schild - schwarz; die Sterne werden in Goldgelb gemalt, das mit etwas Weiß etwas heller erscheint. Malen Sie auch hier alle Akzente, die Schrift und die Tupfen mit den weißen und schwarzen Lackstiften. Umschlingen Sie die Stiele der zwei Gespensterkürbisse mit einem Steckdraht und tackern Sie das jeweils andere Ende an die Rückseite des „Kommt-rein“-Schildchens. Auf die Rückseite des Spinnenkopfes tackern Sie die Mitte eines zehn Zentimeter langen Steckdrahtstückes fest und schlingen es um den Stiel des Spinnenkörper-Kürbisses.

Tackern Sie alle Sperrholzteile auf ca. 30 Zentimeter lange Steckdrahtstücke, die Sie vorher über einen Bleistift oder Schraubenzieher spiralig gedreht haben. Ziehen Sie das Kunstfaser-Spinnennetz über die schwarze Grundplatte und über die Zaunteile und kleben Sie die Äste als Bäume in die vorgesehenen Löcher. Setzen Sie die Butternutkürbisse mit den eingesteckten Figuren in den Hintergrund. Die Pforten-Gespenster bewachen den Eingang zur Geisterstadt. Die Spinne lässt sich an Draht oder Bindfaden auf „Cucurbita“ hinab.

Schaut doch rein...
Wenn ihr euch traut!

TRAUBENFREUND

Farben: Weiß, Schwarz, Maigrün, Ultramarinblau
Lila, schwarze und weiße Lackstifte

Material: blaue Trauben
Hopfenzweige
Steckdraht
Bast
schönes Band

Kürbis: ein mittlerer, runder Halloweenkürbis,
z. B. der Sorte St. Martin

Beginnen Sie mit dem Mund in Schwarz. Augen und Zunge werden lila, ebenso die Trauben auf dem Kopf unterhalb der Frisur aus echten Trauben, Hopfen und einem schönen Band, die mit Steckdraht am Stängel fixiert wird. Ein gemaltes Traubenblatt fungiert als Nase, zwei Zähne dekorieren nur noch den Mund. Zeichnen Sie alle Konturen mit den schwarzen und weißen Lackstiften.

ENTE MIT WURM

Farben: Goldgelb, Karminrot, Maigrün, Schwarz
schwarze und weiße Lackstifte

Material: Holzkugel, ca. 2,5 bis 3 cm Durchmesser
Steckdraht
Stoffrest oder Teil von Schnupftuch
oranger Bast, 4-mm-Tackerklammern

Kürbis: Kalebasse (Flaschenkürbis) mit Stiel

Kalebassenkürbisse müssen einfach in Enten verwandelt werden. Ein Kuss reicht allerdings nicht aus! Ein bisschen Farbe, angefangen mit Goldgelb, in das teilweise etwas Karminrot gemischt wurde, muss sein. Der Stiel wird mit gelben Ringeln versehen und dient als Wurmkörper und nimmt beide Enden eines Steckdrahtstückes auf, das an seiner Biegung in ein Loch der Holzkugel geklebt werden muss. Die Holzkugel selbst wird ganz maigrün bemalt, Gesicht und Haare des Wurms werden mit den Lackstiften gemalt. Der Schnabel der Ente ist in einem ziemlich roten Orange, gemischt aus Goldgelb und Karminrot, gehalten. Augen sowie Konturen der Flügel und des Schwanzes werden wiederum mit den Lackstiften gemalt. Betonen Sie die Flügelfedern mit etwas Goldgelb auf einem dünnen Pinsel. Ein hübscher Stoffrest oder ein Stück eines Schnupftuches wärmt den Hals der Ente, während beim Wurm die Übergangsstelle zum Stiel der Kalebasse mit ein bisschen orangefarbenen Bast kaschiert wird.

SONNENBLUMEN

Farben: Karminrot, Braun, Schwarz, Goldgelb
schwarze und weiße Lackstifte

Kürbisse: weiße Squash-Kürbisse (Patissons)

Die Squash-Kürbisse, die es auch in Grün und gemischten Farben gibt, werden auch Sputniks, Ufos oder Bischofsmützen genannt, und sind ganz gut essbar. In unserem Fall werden jedoch perfekte und haltbare Sonnenblumen draus. Bemalt wird die dem Stiel gegenüberliegende „untere" Seite.

Wichtig ist eine karminrote Grundierung, damit später die gelben Blütenblätter gut zur Geltung kommen. Lassen Sie sich beim Aufmalen der Blütenblätter von der Form des Kürbisses inspirieren: Jede Wölbung außen ergibt ein Blütenblatt. Der Kürbis gibt vor, wo der braune Innenteil der Sonnenblume hin muss; geben Sie nur noch dem Rand und dem Mittelpunkt Tiefe durch etwas abgedunkeltes Braun! Nach dem Trocknen der Farbflächen tragen Sie die Konturen der Blütenblätter und das Gitternetz des Inneren und andere Akzente mit den schwarzen und weißen Lackstiften auf.

DIE CLOWNS

Farben:	Weiß, Ultramarinblau, Karminrot schwarze und weiße Lackstifte
Material:	Luftschlangen oder ähnliches
Kürbis:	flach runder Halloweenkürbis, z. B. der Sorte „Autumn Gold“

Dicke, flache Kürbisse lassen sich einfach zu einem Clowngesicht gestalten. Passen Sie beim Kauf auf, dass Sie schon erkennen können, wo das Gesicht hin muss. Legen Sie erst die weißen Flächen an und anschließend die roten und blauen. Am Schluss malen Sie mit den schwarzen und weißen Lackstiften die Konturen, den Mund und die Augen.

Deko-Zubehör aus dem Fasching passt auch zu Halloween!

MAISGESICHT

Farben: Schwarz, Maigrün, Goldgelb, Karminrot
schwarze und weiße Lackstifte

Material: Mini-Indianermais oder normaler Mais
Hopfenzweig, Steckdraht

Kürbis: mittelgroßer, hoher Halloweenkürbis, z. B. der Sorte „Frosty

Etwas Hopfen und ein Bund Ziermais schmückt – gehalten von Steckdraht - den Kopf des Maisgesichts. Die Augen werden maigrün und die Nase in der Form eines Maiskolbens gemalt. Der schwarze Mund erhält eine karminrote Zunge und - mit weißem Lackstift – drei Zähne. Kinn, Konturen und Punkte zeichnen Sie am besten mit den Lackstiften. Das Maisgesicht passt gut in Erntedankdekorationen.

CHINESE

Farben: etwas Karminrot, schwarze und weiße Lackstifte

Material: Naturbast, etwas Reisstroh von einem alten Besen
Hut-„ähnliches" vom Korbflechter

Kürbis: ein hellgelber Spaghetti-Kürbis

Der Chinese (der Spaghetti-Kürbis ist ursprünglich eine chinesische Kürbisart) lebt natürlich von den Accessoires, die in der Umgebung aufgestellt werden und kann vielleicht sogar eine Feng-Shui-Wohlfühlecke gestalten. Hier wurde der obere Teil eines Korb-Schirmes als Hut verwendet, für die Frisur wurde ein Reisstrohbesen „enthaart" und das Stroh in den „Hut" geklebt. Ein Baststrang hält alles in Position. Ein bisschen Karminrot auf dem Finger ergibt das Rouge auf den Wangen. Augen, Mund, Nase und Bärtchen werden mit den schwarzen und weißen Lackstiften aufgebracht.

I LOVE AMERICA

Farben: Schwarz, Weiß, Ultramarinblau, Karminrot
schwarze und weiße Lackstifte

Material: Baseball-Kappe
Naturbast
Jeans
Turnschuhe

Kürbis: z. B. ein großer Hubbard-Kürbis der Sorte „Mooregold“
oder
ein „Gelber Zentner“

Eine Erinnerung an Amerika, dem Land der Kürbisse, ist dieser freundliche Kürbismann. Verwenden Sie eine alte Baseballkappe, in die Sie einen Strang Bast, der zuvor in der Mitte geknotet wurde, asymmetrisch einkleben. Malen Sie auf einen großen Kürbis zuerst die Sterne unter den Augen, den Mund und dann die rotweiße Nase auf. Anschließend tragen Sie den Flicken und die Augen in Ultramarinblau auf. Die Sterne, die im Mund die Zähne darstellen, zeichnen Sie am besten mit dem weißen Lackstift. Zunge und Wunde (vom Baseballspielen?) werden rot.
Alle Konturen malen Sie anschließend mit den Lackstiften.

Mit alten Turnschuhen und einer abgeschnittenen Jeans haben Sie ein Stück authentische USA auf Ihrer Haustreppe.

Vielseidig Verlag

und noch mehr von Martina Hertel

Holz vor`s Haus
Herbstliches aus der
Holzwerkstatt
ISBN 3-935467-07-9
Best.Nr. 67079

Zaungäste
Flotte Latten für den Garten
ISBN 3-935467-21-4
Best.Nr. 67214

Laubanger 19b 96052 Bamberg **Vielseidig Verlag** GmbH Tel. 0951/ 6 89 97
Fax. 0951/ 60 32 9